O Segredo das Headlines

O Segredo das Headlines

Como criar Ideias que vendem todos os dias

Natanael Oliveira

MARKETINGCOMDIGITAL

Sumário

O Passo 01 para a criação de ideias que vendem todos os dias

Caro leitor(a),

Esse é um livro que eu sugiro fortemente que você leia o mais rápido possível. De preferência, leia com um papel e caneta por perto. Novas ideias irão surgir, conexões mentais serão feitas e fichas irão cair.

E o mais importante, vendas serão realizadas. Mas antes de aprofundar em cada uma das etapas do método para criação e promoção de ideias que vendem, eu vou contar rapidamente como a ideia desse livro surgiu.

Há cerca de 60 dias eu abri uma caixinha de perguntas no Instagram. Mas dessa vez eu fiz algo diferente.

Eu pedi que as pessoas compartilhassem comigo suas Headlines. Eu comecei a receber as primeiras headlines e então, comecei a recriar algumas headlines.

O meu objetivo com aquela série era vender a minha formação de copywriters. Depois de recriar cerca de 10 headlines, iniciei uma série de stories vendendo a formação. Foi quando algo começou a acontecer.

Eu comecei a perceber o movimento inbox no Instagram acima do normal. As pessoas começam a pedir: Por favor, olha a minha headline! Eu sinto que ela está muito fraca. Teve uma moça que mandou assim: O meu marido é seu fã, mas você não respondeu a headline dele, por favor, responda o meu marido.

Ela provavelmente não estudou copy, mas obviamente ela tocou meu coração, fiz questão de responder o marido dela.

Eu confesso que era muito difícil recriar as headlines, e o motivo não é nada animador. Eram ideias muito genéricas. Alguns títulos não diziam absolutamente nada com nada.

Mas eu pensei: Alguns não levaram a sério, colocam qualquer coisa. Mas eu estava enganado. Nos dias seguintes, abri novas caixinhas e algumas pessoas continuavam repetindo as mesmas headlines. Pois é.

Como o valor da formação é de R$5.000, naturalmente, muitas pessoas mandavam mensagem falando que não conseguiam comprar o programa, mas precisavam muito de ajuda.

Eu aproveitei o boom do momento, e as vendas da formação, para encaixar um downsell, nesse caso, o Copywriter 10x, com uma oferta de R$1.000.

O volume de vendas deste programa geralmente é alto. Mas depois que eu fiz essa série mais prática, eu consegui atingir um número bem maior de pessoas, logo, um volume maior de vendas.

Foi quando eu comecei a entender o como as pessoas estavam carentes de estudar copywriting de uma maneira realmente prática. Surgia naquele momento a ideia deste livro.

Eu preciso ensinar as pessoas de uma maneira prática, como criar novas ideias.

Qual é o exato processo, quais as etapas, como adicionar técnicas profissionais de copywriting. Em outras palavras, como vender todos os dias de uma maneira simples, prática e contextual.

Essa será a nossa meta de agora em diante.

Mas antes de avançar, eu preciso que você entenda com muita clareza que o objetivo de todas as ideias é sempre o mesmo: Vender.

Você está lendo um livro sobre vendas, a partir de uma estratégia de copywriting. Eu não quero que você pense apenas sobre escrever bem. Eu quero que você pense sobre como escrever para vender.

Eu fiz questão de explicar para você o que me motivou a escrever esse livro é apresentar os bastidores de um dos meus processos de vendas. É claro que eu desejo te ajudar com esse livro. Óbvio.

Mas pode ter certeza de que eu também quero te apresentar os meus produtos, serviços e etc. Eu falo isso de uma maneira cada vez mais objetiva, para evitar que algum leitor distraído diga:

Nossa! Mas ele quer me vender? Sim, eu quero.

E você deveria colocar como meta criar estratégias de vendas contextuais para a sua empresa.

O mundo digital não tem mais espaço para enrolação, a venda precisa ser cada vez mais objetiva e direta ao ponto. Falaremos mais sobre isso em diante.

Agora vamos entender os princípios de cada etapa da construção de ideias.

O Ponto de partida da criação de uma ideia está na criação de um Atalho Mental para o seu público

A mente humana, de um modo geral, está sempre buscando **reduzir os riscos**. A preservação da nossa vida e também a redução do esforço mental. **Pensar é cansativo e escolher, pode ser algo doloroso.**

Turistas que viajam e compram um "pacote" de passeios, não querem correr riscos, não querem ter que tomar todas as decisões, desejam que alguém os conduza. Consumidores que precisam comprar algum aparelho eletrônico, recorrem a amigos que tenham um pouco mais de conhecimento, para que a decisão seja tomada.

O medo de errar em uma tomada de decisão ou o medo de perder tempo, é o que na maioria dos momentos, influencia diretamente no processo de tomada de decisão.

O ser humano imita comportamentos, reações e também decisões. O **espelhamento humano** é uma das matérias mais importantes para todo copywriter estudar e dominar.

Eu lembro de certa vez chegar na recepção de um espaço de eventos, e observei uma fila sendo formada de uma maneira bem estranha.

Ao invés de seguir o curso natural da fila, ela tinha uma divisão no meio. Quando eu observei um pouco mais de perto, um jovem estava encostado na parede, e outros foram seguindo o comportamento. A fila tinha uma linha reta, até chegar naquele rapaz que mudou o curso da fila.

E é isso que eu preciso que você preste muita atenção. A criação de uma ideia envolve exatamente mudar o curso atual de fluxo de pensamentos do seu público. Eu vou te explicar como isso funciona na prática.

Inevitavelmente, o seu público neste exato momento está vivendo de acordo com algum atalho mental que foi ativado anteriormente. Por exemplo, no caso dos meus clientes, a maioria pegou um atalho mental que disse: Você precisa de autoridade para vender. Sem autoridade ninguém vende.

Essa é uma meia-verdade.

Mas é uma excelente ideia para um argumento de vendas. Principalmente para aquele que vai vender o processo sobre como construir autoridade.

Eu não posso chegar e tentar brigar contra este atalho mental que diz: Para vender é preciso ter autoridade. Eu preciso criar um novo atalho mental. Eu preciso de uma nova ideia.

Essas foram as duas ideias que eu criei para gerar um novo atalho mental.

01 - É fato que você precisa construir autoridade. O problema é a maneira que a maioria está escolhendo. É o caminho mais lento e arriscado. Você pode criar autoridade com campanhas de vendas e não depender apenas de conteúdo. Bingo!

02 - Autoridade de maneira isolada, não faz todo o trabalho. Você precisa transformar a sua autoridade em lucro de verdade.

É por isso que existem pessoas com muita autoridade e pouco lucro... e existem aqueles que enquanto aumentam a sua autoridade, aumentam as suas vendas. Bingo!

Repare que eu unifiquei as ideias e passo a apresentar novos atalhos mentais, ou seja, eu faço afirmações fáceis de serem entendidas e ao mesmo tempo, faço uma condução para vender a minha ideia.

O primeiro passo para que alguém compre o seu produto é fazer com que a pessoa concorde com você (E isso pode começar nas coisas mais simples)

Esse é um dos segredos que eu sempre fico com certo receio de revelar, afinal, é uma das técnicas que eu mais utilizo para vender. São poucos copywriters que sabem fazer isso do jeito certo. Poucos.

Mas eu vou te contar tudo. (Ou quase tudo).

Vender é um processo de múltiplas etapas.

Talvez dezenas de etapas. Mas o processo de persuasão é um processo de centenas de etapas. Chamar atenção de uma pessoa é bem diferente de transformar atenção em uma ação de compra.

Quando você começar a escrever uma ideia para a sua carta de vendas, você precisa preparar também uma lista de pequenas ideias para garantir que o seu público esteja pronto para ouvir a sua mensagem principal.

Exemplo: Vamos imaginar que você quer vender a ideia que o seu produto entrega uma qualidade muito superior ao que hoje está no mercado.

Ao invés de começar falando. O nosso produto é o melhor do mercado e não existe uma concorrência que consiga nos superar. Aqui está o processo de múltiplas etapas para vender essa ideia hipotética.

Eu confesso que comprar é algo que geralmente me deixa um pouco estressado, porque eu analiso muito seriamente cada aspecto do produto ou serviço. Já tive muitas experiências negativas e hoje eu não gosto de dar bobeira na hora de comprar.

Você consegue concordar com essa frase acima?

Pois é. Eu acabei de conseguir o primeiro sim. Eu acabei de criar uma mensagem que começa a ganhar a atenção e confiança do leitor, e principalmente uma identificação.

Por exemplo: "Verdade, eu também sou um pouco assim". Ou... "Eu não sou assim, mas também já tive experiências ruins, preciso prestar mais atenção."

Agora vamos para a segunda frase para gerar um novo sim.

Quando eu decidi começar a minha empresa, eu disse para mim mesmo: Eu preciso fazer algo bem melhor do que está sendo feito. Sem isso, eu não vou durar nesse mercado. Eu tenho que fazer algo muito acima da média. É obrigação... E eu coloquei isso como o meu alvo.

Gostou desse segundo bloco?

Esse é um bloco de copywriting que eu chamo de **"declaração de comprometimento"**.

> *O ser humano se conecta com comportamentos que desejamos ter, mas nem sempre conseguimos realizar.*

Por exemplo: Quando alguém fala para você: Eu sabia que eu precisava estudar. Eu não tinha outra escolha. Foi muito doloroso, mas eu tive que dar um jeito... acordava de madrugada e estudava até não aguentar mais.

Esse tipo de depoimento gera em nós, um sentimento de inspiração, você visualiza a cena e tende a querer imitar, espelhar toda essa dedicação.

A nossa mente se agrada em ver alguém fazendo um esforço e alcançando algum tipo de vitória.

Pois bem. Imagina agora que eu fiz esses dois blocos.

Eu confesso que comprar é algo que geralmente me deixa um pouco estressado, porque eu analiso muito seriamente cada aspecto do produto ou serviço. Já tive muitas experiências negativas e hoje eu não gosto de dar bobeira na hora de comprar.

Quando eu decidi começar a minha empresa, eu disse para mim mesmo: Eu preciso fazer algo bem melhor do que está sendo feito. Sem isso, eu não vou durar nesse mercado. Eu tenho que fazer algo muito acima da média. É obrigação... E eu coloquei isso como o meu alvo.

Agora, eu vou inserir a ideia principal.

Eu sei que isso pode parecer um pouco arrogante, mas eu vou correr esse risco. Depois de muito esforço, eu acredito que criamos hoje, a solução mais completa do mercado. E eu sei que muitos concorrentes irão chegar, mas nós não vamos facilitar.

E se você deseja XYZ... é exatamente isso que nós podemos fazer por você...

Conseguiu pegar a ideia central?

Resumindo:

01 - O **ser humano sempre está com um atalho mental ativado** sobre a grande maioria dos assuntos.

02 - Se você quer encaixar uma **nova ideia,** você precisa pegar **carona na ideia que já está na mente do seu público e ressignificar**

03 - Toda ideia antes de ser **plantada,** precisa ser **preparada** mentalmente com outras ideias mais fáceis de serem aceitar

Agora vamos para algumas atividades práticas para iniciar o seu processo de construção de novas ideias.

Criação de novos atalhos mentais

01: Quais os atuais atalhos mentais que estão na mente do seu público na sua área de atuação?

Aqui você precisa listar tudo aquilo que ele já acredita que seja verdade. Não importa se esteja correto ou não.

O seu papel é decifrar inicialmente o porquê ele acredita fielmente naquilo e como criar um novo significado para aquela ideia.

Eu não posso tentar mudar a mente do público.

Porque a mudança de uma concepção é demorada e dolorosa.

Quando eu comecei a ensinar copywriting, um dos atalhos que estavam na cabeça das pessoas era: **Gatilhos Mentais.**

Tudo era gatilho mental. TUDO. Eu não podia bater de frente em um primeiro momento com aquela ideia. Era muito arriscado.

Mas eu sabia que aquela mensagem estava lá, na mente do público. Foi quando comecei a usar exatamente o que estou te ensinando.

Eu criei uma nova ideia: Isso pode aumentar o poder dos gatilhos mentais na sua copy.

No meu livro, Não Me Faça Dormir eu falo sobre isso. Eu digo mais ou menos assim...

Está todo mundo usando gatilhos mentais. Gatilhos funcionam. Mas poucos conhecem o que pode potencializar os gatilhos.

Estou falando do Cérebro Reptiliano. Quando você aprende a criar estímulos ao cérebro reptiliano o uso dos gatilhos fica muito mais poderoso. Então eu comecei a apresentar exemplos disso.

Foi muito fácil para a maioria aceitar essa copy. Eu levei o público de um atalho para o outro. **Bingo!**

Depois de listar as ideias e começar a treinar a sua mente para conseguir levar o seu público de uma ideia para outra, você se torna esse **"gerador de ideias"**.

Oi, o caminho não é por aqui...

Esses dias eu estava indo para o escritório, distraído com os meus fones e caminhando tranquilamente. Até que duas coisas me fizeram sair do meu estado de **"isolamento mental"**.

Quando estou no Brasil, eu vou caminhando para o meu escritório.

Fica a cerca de 300 metros do meu apartamento. Quando eu estava chegando no prédio, vi um casal, de cerca de 70 anos, com dificuldade em entrar no estacionamento.

Era feriado e uma das entradas do prédio estava fechada. Quando eu me aproximei eles já pediram ajuda. Você sabe se tem alguém aqui?

Eu informei que somente a outra entrada estava liberada e apontei qual era o caminho.

Eles agradeceram e foram na direção que eu indiquei. Quando eu estava voltando para casa, uma moça estava tentando sair do prédio com o cartão de visitante.

Eu me aproximei e disse: Esse cartão é de visitante, você precisa depositar aqui do outro lado. Ela agradeceu e finalmente conseguiu sair.

Situações assim devem ter acontecido com você. Nos dois lados da moeda. Você ajudando alguém e você sendo ajudado.

É gratificante quando você ajuda alguém, certo? Ao mesmo tempo, quando alguém repara que você está com algum problema e te ajuda, é um sentimento de muita gratidão, não é verdade?

Pois bem.

Existe um elo emocional que é criado quando alguém de maneira proposital te ajuda.

Entenda aqui proposital, você não foi pedir ajuda, alguém reparou em você e ofereceu ajuda.

Quando você cria uma ideia, que gera uma mudança de direção, isso gera uma reciprocidade muito forte.

As pessoas confundem o sentimento de reciprocidade. Não é simplesmente o fato de entregar algo gratuito que gera reciprocidade.

É quando você entrega algo que muda a direção para o lado correto.

> *A reciprocidade no seu nível mais forte acontece quando você gera a primeira vitória para o seu público.*

E a melhor maneira de fazer isso é quando você ajuda o cliente/leitor em uma situação que ele está vivendo agora, neste exato momento.

02 - Você precisa identificar um incômodo ou um erro extremamente específico para criar a sua ideia, e consequentemente a sua copy.

Este livro, é um exemplo prático. Eu escolhi o problema **HEADLINE + IDEIAS.** Eu decidi ajudar em algo muito específico, porém, estou trabalhando o assunto de uma maneira mais geral.

Resumindo:
Boas ideias criam novos atalhos mentais e geram uma genuína reciprocidade.

No próximo capítulo vamos continuar a construção das ideias que vendem e mais para frente, você irá aprender como transformar ideias em headlines.

Empolgado com a leitura até aqui?

Uma boa ideia precisa do palco certo...

Um dos maiores desafios em escrever uma carta de vendas no mundo online, está exatamente na ausência do leitor.

Você não consegue observar as suas reações, não consegue saber exatamente o que mais lhe chamou atenção ou qual o momento ele ignorou parcialmente ou completamente.

Mas a **chamada irracionalidade previsível** é algo que nos ajuda muito como copywriters.

Em outras palavras, o ser humano na maioria dos casos, não toma decisões de maneira 100% lógica.

Existem inúmeras maneiras subconscientes para influenciar no processo de tomada de decisão do público.

Algumas muito simples e outras bem sofisticadas.

Em instantes eu vou apresentar algumas das técnicas da chamada **"venda subconsciente"** mais poderosas que existem.

E eu sei que eu posso parecer exagerado, mas ensinar isso para você é algo que ainda não me deixa 100% confortável.

Eu vou revelar os meus segredos?

Mas como a ciência demonstra que mesmo reconhecendo as técnicas, é bem difícil resistir o tempo todo, vou acreditar fielmente nisso. rsrs.

Como preparar a mente do seu público para aceitar as suas ideias mais facilmente

Se você entrar em um ambiente no qual as pessoas estão se divertindo, cantando ou sorrindo, principalmente se a música estiver em um volume mais alto, involuntariamente a sua expressão predominante será a de sorriso.

Quando eu faço um evento presencial, propositalmente deixamos o volume mais alto, para que as pessoas precisem elevar um pouco mais a voz para conseguir conversar.

Por quê?

> *O silêncio é um dos ruídos que mais atrapalham o início de uma conversa.*

Ao entrar em um ambiente que em breve irá iniciar algum tipo de reunião, existem duas coisas que incentivam as pessoas a conversarem.

Café e música. Você ficaria surpreso ao ver um homem de 1,80m e 100 kg, se escondendo atrás de uma xícara de café.

Se você criar um ambiente mais amigável para a conversa entre os desconhecidos antes do seu evento iniciar, as pessoas estarão muito mais receptivas ao primeiro palestrante.

O trabalho dele será bem mais fácil. O público já está no modo interação. Existem muitas técnicas para preparar as pessoas em um ambiente presencial.

Na igreja, por exemplo, se a música não acontece antes da mensagem, a receptividade do público será bem menor.

Boa parte desses ajustes no mundo presencial, foram feitos através de tentativa e erro.

Um dia decidiram experimentar e perceberam o resultado. Quando você começa a estudar técnicas para execução de eventos presenciais, a experiência de outras pessoas te ajuda a não errar.

Mas e no mundo online? Como isso funciona?

Aqui o cenário muda significativamente. E é muito importante que você preste atenção em cada etapa de agora em diante.

Qual o estímulo emocional da sua ideia?

Se você criar uma boa ideia de argumentação, porém, entregar essa mensagem no lugar errado, o resultado será bem menor.

O formato da entrega também faz muita diferença. Eu vou explicar isso de uma maneira prática.

Existem ideias que funcionam melhor se a mensagem for entregue em uma transmissão ao vivo.

Outras funcionam melhor em vídeos gravados. Algumas funcionam melhor se o conteúdo for dividido em partes e entregues em dias consecutivos.

O maior problema de muitos empreendedores hoje é ainda mais grave. Eles têm uma ideia fraca, sendo entregue de maneira errada.

Mas vamos imaginar que após o capítulo 01, você conseguiu estabelecer uma nova ideia.

O que fazer com ela? Como escolher corretamente a melhor maneira de entregar essa ideia?

Para tomar essa decisão, é importante entender quais os principais estímulos emocionais dentro de uma copy.

São eles:

1. Criação de expectativa
2. Alívio Imediato
3. Ganho Imediato

No primeiro caso, estamos falando de uma ideia que cria uma grande expectativa para algo novo e desconhecido.

Como por exemplo, começar um novo negócio, descobrir uma nova estratégia, encontrar uma nova solução (desconhecida).

Esse tipo de ideia funciona muito bem quando você cria uma série de palestras ao vivo, ou irá entregar um conteúdo com data para acontecer.

Em outras palavras, uma entrega futura e contínua.

Ex: Você decide realizar uma palestra na próxima semana e começa a avisar a sua audiência a data e horário.

Sempre que você fizer o seu público esperar alguns dias para receber o conteúdo, a sua mensagem precisa ter elementos de criação de expectativa.

Aqui muitos erram, eles programam palestras e séries com uma longa distância, porém, com temas que já são muito conhecidos.

Vamos para um exemplo prático.

Quando eu crio uma antecipação para alguma palestra futura, geralmente eu crio elementos de antecipação na ideia.

Ex: Quando eu vendia o Expert em Vendas Online semanalmente, eu precisava criar uma antecipação para a próxima aula.

Em muitos casos a ideia era mais ou menos assim: O NOVO Modelo de Campanha Para Vender Serviços Online...

Porém, quando eu criava ações de vendas com intervalos menores ou mesmo diariamente, eu não criava expectativa com algo novo.

Eu falava de um problema urgente. Ex: Como Negociar Contratos de R$10.000

Ou seja, se você criar um estímulo de antecipação, com grande expectativa para um conteúdo futuro, adicione na sua ideia elementos de super novidade.

Eu vejo muitos produtores errando nisso. Eles criam muita antecipação para uma série que irá começar depois de 15 dias do primeiro anúncio, com promessas do tipo: Como Falar Muito Bem Em Público... O Segredo dos Palcos.

Existem argumentos que você não precisa criar antecipação, pelo contrário, você usa a urgência e objetividade.

Hoje, antes de começar a escrever esse capítulo eu fiz uma aula de vendas com o seguinte tema: Como Posicionar o Seu Nome Para Vender Produtos Digitais de Alto Valor.

A grande ideia aqui era: Posicionamento PREMIUM. Como criar esse destaque para vender produtos mais caros.

Pois bem.

Eu mandei um e-mail pela manhã, avisando que faria uma aula às 14h.

Por que no curto prazo?

Porque eu decidi usar o estímulo do ganho imediato. Ou seja, eu vou te ajudar HOJE nessa meta de melhorar o seu posicionamento e te ajudar a criar um produto digital de alto valor.

Você prefere receber um presente hoje ou daqui 15 dias?

Eu não sei se isso acontece com você, mas quando eu vou fazer algum tipo de surpresa, compro algum presente especial, esperar o dia de dar o presente é algo difícil.

A minha vontade é entregar na mesma hora. Quando a Iaponira (minha esposa), estava grávida da Melissa, minha primeira filha, eu comprei duas jóias.

Uma para a Iaponira e outra para a Melissa. A meta era entregar o presente após o nascimento.

Eu comprei quando a Iaponira estava com 8 meses. Eu tinha algumas semanas pela frente. Escondi a caixinha entre os meus livros no escritório e segui a vida.

Duas semanas depois, a Iaponira apareceu e disse: Isso é para mim? Não me pergunte como, mas ela viu que alguns livros tinham ficado um pouco fora do lugar.

Pois bem. Eu disse que era para ser uma surpresa para depois do nascimento. Mas já que ela tinha descoberto, eu poderia entregar logo.

Não consegui fazer a surpresa, mas me livrei da ansiedade. Rsrs.

No aniversário dela no ano passado, pela primeira vez eu consegui planejar toda a surpresa, sem ficar ansioso para entregar.

Provavelmente, depois que a Melissa nasceu, com o tempo reduzido, não dava para ficar tão na expectativa assim.

E agora que a minha segunda princesa nasceu, Ariel, a rotina está cada vez mais intensa.

Mas eu consigo usar o pouco tempo para fazer grandes ações. A propósito, essa será a big ideia do meu próximo produto digital.

E essa ideia ativa o estímulo do alívio imediato.

Se você é um leitor atento, deve ter percebido que eu usei a história do presente para te preparar para a minha pré-oferta.

Como?

Eu vou te explicar e depois volto para os 3 estímulos. Quando eu te levo para uma história, inevitavelmente eu levei a sua mente para viver essa história.

E como é uma história positiva e que abre uma oportunidade para conexão, ou seja... (eu não sei se você também é assim), você fica mais aberto para me ouvir.

Eu estou te contando uma situação que talvez você se identifique. A situação: Resistir a ansiedade de dar um presente para alguém que você ama.

Quando você engata nessa história, tudo o que vier depois, será recebido com muito mais facilidade.

Mas repare que eu adicionei o seguinte elemento: Olha! Agora eu nem consigo mais ficar tão ansioso, porque o tempo está curto depois que a Melissa nasceu.

E agora, que a Ariel nasceu? Nossa! Está complicado.

Se você é pai ou mãe, muito provavelmente se identificou de uma maneira mais forte com toda a história.

E mesmo que você não tenha filhos, falar sobre a dor de não ter tempo, também ativa em você um reconhecimento com esse problema.

No momento seguinte que eu faço a afirmação: Grandes ações mesmo com pouco tempo... isso causa ALÍVIO imediato.

Organizando a sua mente nos conceitos

Eu decidi usar as técnicas ao mesmo tempo que ensinei. Isso foi proposital. Alguns leitores mais atentos já dizem de cara:

Ei! Ele está usando comigo o que ele está ensinando. Pois é.

É bem difícil fazer isso em uma escrita, mas quando você domina a técnica é um recurso incrível de aprendizagem.

Mas agora vou resumir os pilares para te ajudar na organização de todas as ideias.

01 - O ambiente que você irá entregar o seu conteúdo com copy é tão importante quanto a copy: Se você gravar um vídeo de 20 minutos e entregar no IGTV, ele terá um impacto bem menor.

Por quê? Esse ambiente não cria uma conexão muito forte com o seu público. É difícil segurar o seu público por 20 minutos no celular dentro de um ambiente que ele está acostumado a navegar por várias coisas ao mesmo tempo.

Ou seja, no Instagram, a sua copy predominantemente será de pura **antecipação e expectativa.**

A sua meta é tirar a pessoa do Instagram. Nesse caso, é muito melhor criar um vídeo de 60 segundos, convidando as pessoas para assistir a um vídeo exclusivo, no caso, o vídeo de 20 minutos.

Pegou?

Da mesma forma, no Youtube, é muito melhor subir gravações de algo que você fez ao vivo.

Imagine que você fez uma reunião no Zoom. Entregou conteúdo e interagiu bastante com muitas pessoas.

A gravação dessa reunião no Youtube, terá muito mais efeito de conversão (não estou falando de views). Existe um público que se interessa mais por algo que aconteceu ao vivo.

Ou seja, algo que teve uma interação com outras pessoas. Enfim, existem muitos **"macetes"** para a distribuição do seu conteúdo (com copy) para gerar vendas diárias.

Mas eu vou me aprofundar na meta do livro que é a construção das ideias e na sequência, transformando isso em headlines.

No entanto, era necessário para que você tivesse mais resultados, uma visão geral sobre esse cenário da plataforma.

Quando eu começar a compartilhar os modelos de copy, irei dar exemplos para te ajudar a escolher o melhor local e formato para entregar a sua copy.

Combinado?

02: A sua ideia precisa ter uma conexão com o estímulo emocional: Depois de definir o argumento, é importante adicionar o "ingrediente secreto" que é decidir qual estímulo será usado.

Quando eu peço para alguém me diga qual a sua headline. Eu estou pedindo a ideia.

Na maioria dos casos, essa ideia vem sem absolutamente nenhum estímulo emocional.

O que eu faço é bem simples. Eu leio a ideia e penso: Ok! Qual dos 3 irei utilizar?

Ex: Eu recebi uma headline mais ou menos assim. Como montar uma pizzaria na cozinha da sua casa e faturar R$5.000 por mês.

Blz. Aqui tem um argumento, tem uma ideia, mas não tem um estímulo emocional.

O que eu fiz?

Transforme a cozinha da sua casa no seu novo caixa eletrônico.

Como eu fiz isso?

Eu defini que o estímulo emocional seria o ganho imediato. Algo que a pessoa sinta um desejo imediato.

Depois eu iniciei o processo de associação. Qual seria uma maneira diferente para passar a ideia de ganhar dinheiro?

Hm... Sacar o dinheiro... Caixa eletrônico.

Blz... agora eu preciso de um conector. (Vou explicar isso mais para frente).

O conector que eu usei foi: Transforme.

Peguei a cozinha, o transforme e o caixa eletrônico.

Transforma a cozinha da sua casa no seu caixa eletrônico. Bingo!

Vou te deixar com esse gostinho...
No próximo capítulo vamos continuar essa conversa.

Muito bem.

No próximo capítulo, vou aprofundar tecnicamente os estímulos emocionais e explicar como criar uma ideia para cada parte do nosso cérebro.

1. Reptiliano
2. Límbico
3. Neocortex

Te vejo no próximo capítulo.

Os botões de compra imediata instalados na nossa mente

Eu sei que essa história de botão na mente parece um pouco exagerada, mas não é.

Estudando a mente humana e vivendo o dia a dia do mundo das vendas, eu posso dizer que isso não é um simples exagero ou frases de efeito.

E posso dizer com muita certeza, que não existe apenas um único botão, são vários.

Também não importa o quanto você domine esse assunto e estude sobre o assunto, quando esse botão é pressionado na sua mente, você provavelmente sentirá um desejo ardente de comprar.

O que na verdade, ao invés de chamar de desejo de compra, vou pedir para que o leitor pense sobre o desejo de agir. Isso irá facilitar todo o entendimento sobre a ideia central do livro que é te ensinar a criar ideias que vendem todos os dias.

O ponto central é entender a ideia do estímulo emocional como um impulso para a ação.

Imagine a seguinte cena: Você está muito bem deitado no sofá da sua casa. Com um cobertor quentinho, faz muito frio lá fora.

Quando o interfone toca. A cada toque no interfone, você sabe que precisa levantar, sair do seu momento de conforto. Quem será que está me incomodando a essa hora?

Eu não pedi nada. E então alguém na sua casa diz: Eu fiz um pedido. Você pode ir à portaria buscar?

Talvez você tenha sentido todos os estímulos dessa experiência. Você está no seu conforto, tudo está muito bem, e agora, você precisa sair daquele momento.

Agora você tem que ir trocar de roupa e enfrentar o frio lá fora. Você estava muito bem deitado no sofá.

Agora entenda o seguinte. Para você se levantar, andar até a portaria e pegar uma encomenda. A sua mente só precisa enviar impulsos eletromagnéticos para que o corpo comece a se movimentar.

Se você quiser levantar a sua mão agora, você o faz. É um impulso e uma resposta.

Mas por que nesse cenário a preguiça entra em cena?

Primeiro vale lembrar um dos significados de preguiça que diz: **Estado de prostração e moleza.**

Repare que envolve um estado específico. Ou seja, um momento. Preste bem atenção nessa parte porque iremos voltar em breve para esse conceito.

Mas vamos voltar para o seu exercício de imaginação. Imagine que você está no mesmo sofá, e de repente o seu celular começa a tocar. É um número desconhecido.

Você ignora. O número insiste e então você decide atender. Do outro lado da ligação, alguém repete o seu nome completo.

E você diz: Quem está falando? É do Shopping, você foi o vencedor de um carro Zero na promoção de Natal.

Você sequer lembrava que tinha colocado um cupom.

Nossa! Uau! - Você diz.

E então a pessoa diz: O carro já está aqui, você pode vir buscar agora, já está tudo pronto. Você vem?

O que você diria? Estou no meu sofá. Está de boa? Ou iria buscar o seu carro zero?

Mas imagine uma outra situação. Você está no mesmo sofá, é frio lá fora, e você recebe uma mensagem de um amigo, que sofreu um acidente leve, mas precisa de ajuda para conseguir chegar até o hospital.

O que você faria? Então, estou aqui de boa no sofá. Me deixa quieto?

> *O posto-chave é: Existem algumas maneiras de criar um motivo para a ação, e a maioria envolve fatores externos, não internos.*

Qual a probabilidade de alguém que esteja sentado no sofá, é frio lá fora, e sem que nada de diferente aconteça, a pessoa simplesmente pensa:

Quer saber? Eu vou correr nesse frio. Por que ficar aqui assistindo um filme no sofá se eu posso correr lá fora nesse frio maravilhoso?

Natanael! Que RAIOS de exemplos são esses?

Meu caro, minha cara, o que você está tentando fazer na internet, em muitos casos, é quase a mesma coisa.

O seu cliente tem problemas? Óbvio que sim.

Mas em muitos casos, o seu público está como nessa história, em um estado de prostração. Ele quer resolver, mas sem um motivo/incentivo apropriado, ele irá deixar para depois.

A sua carta de vendas funciona como alguém simplesmente falando: Ei! Você que está no sofá. Levanta-se. Vá enfrentar o frio, nada irá se resolver sozinho.

Isso é verdade, mas não cria um estímulo emocional muito forte para uma ação.

Por isso que a maioria das ideias são **ignoradas**, essa é a razão pela qual muitas cartas de vendas **(que no papel são boas), na vida real são ignoradas.**

Talvez o leitor deste livro faça parte do grupo que toma café pela manhã para "acordar".

Alguns dizem que o dia só começa depois que tomam café. Esse é você?

Pois bem. Imagine a Copy como o Café para a mente do seu cliente. Sem ela, ele ainda não acordou para o dia.

Nossa! Essa foi forte. Copy é o café para a mente. Vou até reforçar essa aqui para entrar na minha lista de frases poderosas.

Anota que essa foi forte. Saiu agora, durante o processo de escrita. rsrs.

O Botão do Instinto, O Botão Social e o Botão Intelectual

Eu vou aproveitar que hoje estou inspirado nas histórias e metáforas para continuar esse capítulo nesse mesmo estilo de escrita.

Quando você começar a trabalhar de uma maneira mais forte na construção das suas ideias, é preciso ter muito claro qual será o botão principal na sua ideia.

Ou com qual botão você irá começar.

Se você mora em apartamento ou já visitou algum, deve estar familiarizado com o elevador de serviço e o elevador social.

Pois bem. A nossa mente também possui entradas diferentes para propósitos diferentes, quando o assunto é o processo de tomada de decisão de compra.

Existem pessoas que compram baseadas em decisões internas, outros compram baseados em um contexto externo.

E existem aqueles, que o processo de decisão de compra é ativado por algo íntimo, que geralmente envolve todo um contexto de médio, longo prazo.

Eu vou explicar cada um deles.

O Botão Intelectual: Apesar desse estímulo apelar fortemente para argumentos racionais, na prática, ele envolve um aspecto fortemente emocional.

A nossa mente trabalha de uma maneira muito forte com a ideia de causa e efeito. Uma herança do nosso processo de construção como indivíduo.

Se eu fizer isso, o que acontece? Se eu fizer isso novamente? O mesmo irá se repetir?

Uma bebê nos primeiros meses de vida, vive esse processo diário de descobertas.

Se eu chorar, alguém irá aparecer? Interessante. Deixa eu testar uma coisa.

Quer dizer que se eu jogar algo no chão, alguém pega? Gostei disso.

Muitas vezes o julgamento do porquê algo de fato aconteceu, é feito de maneira limitada. E o motivo é muito simples:

Sempre que não ficar claro qual foi a causa para determinado efeito, a mente irá criar.

Eu vou te dar um exemplo prático. Na segunda-feira, um amigo te mandou uma mensagem te fazendo uma pergunta.

Você estava ocupado e disse: Não posso falar agora, me liga mais tarde?

Ele respondeu: Tudo bem. Quando foi a noite, você entrou em contato com ele: Ainda precisa de ajuda?

E ele não te responde. Você então faz uma ligação e ele recusa. Você começa a pensar: Será que ficou chateado? O que aconteceu?

1 hora depois ele te liga e fala que estava no cinema, ou algo do tipo. E quando ele finalmente diz que ele iria pedir ajuda, era algo para pedir emprestado.

Percebe?

Quando a Iaponira estava grávida da Melissa, com cerca de seis meses, eu tive um susto absurdo.

Eu estava no quarto, quando a Iaponira entra com sangue nas mãos, chorando. Eu fiquei em pânico, perguntando o que tinha acontecido, ela não conseguia responder direito.

O que aconteceu? Vamos para o hospital agora. E ela não conseguia responder, falando que estava doendo.

Quando ela finalmente conseguiu falar, ela disse: Foi o meu dedo! Foi o meu dedo!

Ela foi fechar as janelas da sacada, e distraída, acabou batendo forte, e machucou o dedo, sangrou e ficou bem dolorido.

Agora você imagina o meu coração na hora? O que eu pensei? Minha esposa grávida, entra chorando, com sangue nas mãos?

É isso que a mente faz. Ela cria, antecipa, junta coisas que muitas vezes não estão de fato juntas.

Em outras palavras, a mente é uma máquina incrível, que na maior parte do tempo, assume o controle para ficar em um estado de repouso.

Existem pessoas que ficam com pensamentos em um verdadeiro loop. Tiveram algum tipo de discussão ou algo chato aconteceu, a mente fica repetindo aquela mesma conversa, você lembra daquilo, etc e etc.

De acordo com a OMS (Organização Mundial da Saúde), o Brasil é o país mais ansioso do mundo.

Você percebe como é importante ter essa clareza?

Você não está simplesmente tentando vender, você está conversando com um SER HUMANO, que sofre, que pensa demais, que se preocupa demais.

> *Por isso eu deixo um grande ALERTA, use as técnicas de copywriting com muita responsabilidade. Você quer gerar um alívio mental e não causar ainda mais dor.*

Infelizmente, muitas pessoas que descobrem esse tipo de conhecimento, usam isso de maneira perigosa. Ativam estímulos emocionais super delicados.

Mas isso é uma outra conversa. Só fiquem atentos. A partir de agora, comece a ser mais crítico nas mensagens que você irá ouvir.

Se são mensagens que jogam um estímulo para você agir, enfrentar, vencer, entender o que está acontecendo para resolver.

Ou se são mensagens que só te deixam com mais medo e ansiedade. Se você não bloquear esse tipo de mensagem, a sua mente dificilmente conseguirá inverter esse padrão.

Resumindo: O estímulo intelectual envolve convidar o seu público para uma jornada de descobertas.

Você está se aprofundando em algo, entendendo de uma maneira mais completa o porquê das coisas.

Imagine um filme de ficção científica. Aqueles que no começo você não entende nada e no final, parece que estava no começo. Rsrs.

Sabe o filme que te provoca intelectualmente, as peças vão se encaixando lentamente até que comece a fazer realmente sentido?

Esse é o estímulo intelectual. Você convida o público para entender algo de uma maneira mais completa.

E em termos de Headline, o modelo mais fácil é usar o gancho do: É realmente possível? Ou Como Conseguir de Verdade....

Ex: É Realmente Possível Vender Todos os Dias Sem Ser Conhecido?

Ex: Como Conseguir de VERDADE, Transformar Desconhecidos em Clientes.

Nesses dois casos, o estímulo será intelectual. Pois eu acabei de abrir a copy provocando o leitor para uma análise mais completa da promessa.

Voltando para o exemplo do sofá rapidamente.

Repare que no caso 01: Alguém fez o pedido, não foi você. Mas por outra pessoa, você vai ter que enfrentar o frio para pegar um pedido que não é para você.

Esse é o estímulo social. Muitas vezes o contexto fará com que você ou o seu cliente tome alguma iniciativa.

Todos estão aprendendo inglês e você vai ficar de fora?

A maioria das pessoas do seu nicho já escreveram um livro, você não vai escrever também?

Geralmente nesse tipo de ideia, usamos o argumento do grupo seleto.

Ex: Essa é a sua chance de fazer parte do grupo seleto que vende produtos digitais de alto valor.

Aqueles que são muito bons, se concentram em criar produtos Premium. Percebe?

No caso do exemplo do carro, envolve o instinto. Reptiliano. Tudo o que gera para você um ganho imediato, algo que te coloque em uma posição superior ou te gere uma vitória clara, te faz agir.

Aqui é perfeito para a venda de mentorias ou formações. Eu uso isso quando vendo programas de copywriting com mentoria.

Quando eu digo: Juntos, eu e você, iremos criar a sua copy mestre. Não é um convite solitário, não é um convite para que a pessoa estude ou faça sozinha.

Nós iremos fazer isso juntos.

No exemplo do amigo que pede ajuda para ir até o hospital. Temos um mix de estímulos.

É racional: A coisa certa a fazer.
É social: Eu não posso não fazer (O que vão dizer?)
É instinto: Eu preciso ajudar (É da minha natureza)

Aqui chegamos no momento A-HA!

Quando você for escrever uma copy, criar uma ideia, use esses 3 atalhos.

1. Você precisa criar algo que o seu público diga: É a coisa certa a fazer.

2. Você precisa criar algo que o seu público diga: O que vão dizer se eu não fizer?

3. Você precisa criar algo que o seu público diga: Eu preciso fazer.

Mais do que ideias, você está gerando um alívio mental, que causa um estímulo emocional e gera uma ação.

A **COPY** ativa a mente para agir, mas acalma a mente para não se preocupar tanto

> *Escrever uma copy é também escrever uma mensagem que organize a mente confusa da sua audiência.*

A maioria dos problemas não são resolvidos por falta de clareza e organização mental. É parar, analisar, planejar e agir.

Não importa qual seja a área. Seja para emagrecer, criar uma empresa, falar em público, não importa, a resposta sempre estará na organização mental.

E na minha visão, esse é o verdadeiro poder de um copywriter.

Acalmar a mente dos leitores. **Empolgar, emocionar e principalmente, conectar.**

Se você está lendo esse livro, você está conectado comigo mentalmente falando.

As minhas ideias (que estavam na minha mente), foram transferidas para você.

Instaladas na sua mente, geram uma nova organização mental, que cria em você um estímulo emocional e gera uma ação.

Bingo! Isso é demais.

No próximo capítulo, vamos encerrar essa parte da jornada juntos.

Será o momento de compartilhar os modelos de headlines para traduzir tudo o que falamos até agora.

Preparado?

As Headlines Que Vendem Todos os Dias

Chegamos na etapa final dessa jornada. O momento de entender os elementos práticos da construção de uma headline.

Se você acompanhou todas as etapas anteriores, vai entender que a headline em si é apenas o resultado de todo o trabalho de construção de uma ideia.

A headline precisa chamar a atenção e ativar o desejo de continuidade para o restante da mensagem.

Antes de avançar nesses pontos, eu preciso fazer um rápido comparativo entre as headlines nos dias de hoje e o uso das headlines no passado.

Headlines no passado: O maior erro de muitos copywriters iniciantes está exatamente em ignorar o contexto atual.

No passado as agências de publicidade tinham algo muito claro em mente: a necessidade de chamar a atenção do leitor, ouvinte, o mais rápido possível.

Os anúncios eram criados para jornais, revistas, TV e rádio. Até aqui, nada de muito diferente.

Mas imagine que no passado, sem internet, existiam momentos específicos para ler jornal, revista, assistir TV ou ouvir rádio.

Ou seja, a concorrência acontecia ao mesmo tempo. O anúncio no jornal, o anúncio na TV, era sempre algo mais "tudo ou nada""

Uma empresa rodava o anúncio e esperava o resultado, se nada acontecesse, dificilmente o quadro iria mudar.

Ou seja, a HEADLINE no passado precisava gerar um estímulo emocional extremamente agressivo.

Era necessário um grande GANCHO (Hook) para conseguir a atenção da audiência.

Headlines no dia de hoje: A concorrência hoje continua crescendo, não é nada fácil.

Porém, os copywriters de hoje têm uma grande vantagem. Eu diria que deixaria os copywriters do passado com uma certa inveja.

Por quê?

Hoje nós conseguimos falar com a mesma audiência inúmeras vezes durante o dia.

Com a internet, as pessoas ficam conectadas o tempo todo. Você não precisa mais esperar um determinado programa na TV ou no rádio. Muito menos o jornal sair no dia seguinte.

Você pode simplesmente postar, publicar, gravar, promover.

Antigamente, isso não existia da maneira como acontece hoje.

Se você voltar 10 anos, muitas pessoas não tinham Smartphones, ou os planos telefônicos não eram tão acessíveis para o uso das mídias sociais.

Hoje o custo de navegação diária é extremamente acessível. Esse é um presente para o mundo da publicidade online, que poucos sabem aproveitar da maneira correta.

E aqui entra o poder das headlines que vendem todos os dias.

01 - Você não precisa entrar no jogo do tudo ou nada nas suas headlines:

Muitos querem criar Headlines extremamente agressivas, que em muitos casos, geram mais desconfiança ao invés de criar desejo.

Você quer gerar um desejo por continuidade. O leitor continuar acompanhando o texto, o vídeo continuar sendo visualizado.

Vamos para alguns exemplos práticos:

No passado: Eles riram quando eu disse que iria começar um negócio online. Até que eu fiz o meu primeiro milhão.

Essa headline é legal? Óbvio que é.

Mas nos dias atuais, eu tentaria algo diferente.

Ex: Os bastidores das minhas primeiras 4.321 vendas, que gerou um total de 1 milhão de faturamento.

As pessoas estão mais interessadas no COMO. E o motivo é extremamente simples.

Criaram uma regra que diz: Fale sobre o O QUE e venda o COMO.

Eu não concordo com isso. Você pode falar sobre o COMO e vender o COMO FAZER MELHOR e mais rápido, por exemplo.

É importante entender que a Headline é o pontapé inicial e não a solução completa para uma copy.

É a abertura do show, a preparação da audiência, a criação de um ambiente que facilite a conversão.

Isso abre a oportunidade para headlines mais criativas, mais diretas, menos apelativas.

Vou dar um outro exemplo de como essa headline poderia ficar.

Ex: Eu não gosto de falar dos meus resultados, mas eu decidi abrir uma rara exceção pelos próximos 3 dias...

Subheadline: Essa é a história de como eu consegui sair do zero e gerar mais de 4.323 vendas em 6 meses.

Percebe o como essa combinação ficou muito mais interessante?

Mas na prática, como fazer essa espécie de recriação de headlines?

Eu vou te ensinar os segredos para criar headlines persuasivas sem correr o risco de ser ignorado.

Segredo número 01: Apresentar metade das informações e esconda o restante. Regra 50/50

Ex: 32.462 leads gerados em 14 dias com essa estratégia de 2 passos.

50% revelado: 32.462 leads em 14 dias.

50% escondido: 2 passos.

O desejo é entender quais os 2 passos.

> *Segredo número 02: Crie um NOME para o elemento secreto e não dê maiores explicações.*

Efeito Janeiro: Os 15 Dias Que Podem Impactar o Ano de Vendas da Sua Empresa.

O elemento que desperta a curiosidade aqui é o Efeito Janeiro.

O que significa isso na prática? Eu usei nomes comuns, porém, sem grandes explicações.

Esse é um erro que muitos cometem. Eles não criam nomes para as suas estratégias ou técnicas.

Ex: Seguidores LUCRATIVOS: Essa é a técnica para atrair seguidores prontos para comprar agora

O foco dessa headline está nos Seguidores Lucrativos. Mas eu crio o desejo por mais quando falo: Essa é a técnica para atrair seguidores.

> *Segredo número 03: Crie um nome NOVO e apresente mais detalhes*

Neste outro exemplo, eu vou apresentar mais informações.

Acelerador de Resultados: Como Criar uma Audiência de Seguidores Pronta Para Comprar AGORA!

Palestra Online Com os Bastidores de Como Sair do Completo ANONIMATO e Criar a Sua Audiência do Absoluto ZERO.

Eu transformei isso em um Webinar: Você pode conferir aqui.

Repare que nesse caso eu uso o recurso do COMO. Sempre que você usa o COMO, você cria imediatamente o estímulo da explicação completa.

Você está prometendo que irá explicar o como isso acontece.

Esse é um estímulo muito forte, por isso é importante "pegar leve" no complemento.

Ex:

Ao invés de: Como Faturar Alto Todos os Dias Para o Resto da Sua Vida...

Algo mais leve: Como Criar uma Estratégia de Vendas Recorrentes: O Exato Passo a Passo

Pegou a diferença?

Eu vou reforçar isso para garantir que você entendeu 100%.

A grande diferença nas headlines de hoje é que o objetivo dela é gerar o desejo por mais, uma continuidade.

Antigamente, a **headline** precisava "fisgar" e imediatamente criar um desejo de vendas.

É claro que ainda hoje podemos pensar em headlines com esse potencial, no entanto, é muito mais estratégico criar um mix de abordagens para vender o seu produto/serviço.

Em outras palavras, ao invés de ficar tentando criar a carta de vendas perfeita, faça muitas cartas de vendas, crie novas ofertas, faça mais posts, teste novas abordagens.

É na continuidade que acontece o maior volume de vendas.

Segredo número 04: Frase de revelação que termina sem uma conclusão

---

Essa é uma das headlines mais poderosas para utilizar em palestras de vendas ou uma série de vídeos.

Ex: Foi isso que eu aprendi depois de 7 anos vendendo produtos digitais...

Isso o que? Conta o restante? O que foi descoberto?

É importante que após usar uma headline como essa, ativar um parágrafo de antecipação.

Ex: Foi isso que eu aprendi depois de 7 anos vendendo produtos digitais...

O que eu vou explicar nas próximas linhas é a reunião de 7 anos vendendo produtos digitais todos os dias.

Tudo o que eu vou te contar é baseado em prática e vendas de verdade.

Mas antes de explicar em detalhes o que eu aprendi, vamos entender o que deu certo e o que deu errado.

Repare que eu seguro a atenção, isso é feito para aumentar a tensão

> *Segredo número 05: Apresentação de uma oportunidade + especificidade*

Existem headlines que você quer ancorar a sua oferta já no primeiro momento.

Ex: Essa é a sua chance de fazer parte do seleto grupo que vende produtos de R$5.000 até R$40.000

Essa headline faz a abertura para uma argumentação de comparação.

Ou seja, a ideia é explicar que existem pessoas com resultados superiores. E que existe um caminho para que o leitor possa alcançar resultados semelhantes.

A ideia aqui não é tentar convencer o leitor que é possível. O convite é direto levando em consideração que a oportunidade é real.

Essa é uma técnica de copy muito poderosa. Porque você inverte o foco do produto para o cliente.

Não é uma discussão que o produto funciona. A pergunta é se o cliente realmente deseja a transformação.

Segredo número 06: Faça uma afirmação de alerta com propriedade

Essa é uma headline perfeita para abertura mais impactante.

Ex: Sem isso, dificilmente você conseguirá [Meta]

Sem uma Copy Mestre, dificilmente o seu conteúdo vai gerar vendas para você.

Eu posso apresentar o termo ou omitir.

Ex: Sem isso, dificilmente você consegue vender com o seu conteúdo.

Nesse caso, posso criar mistério até revelar o termo.

Quando eu apresento o termo (que geralmente é desconhecido do público), eu uso dois elementos de curiosidade.

1. O que é uma copy mestre.
2. Como isso pode me ajudar a vender com conteúdo?

Mais uma vez, repare que todas as **headlines** criam uma tensão emocional forte, e é isso que irá fazer com que a leitura continue ou o vídeo continue sendo assistindo.

Todas as minhas cartas de vendas em texto e vídeo eu tenho muito cuidado em definir esses estímulos.

O primeiro passo para que a sua copy venda é fazer com que ela seja lida ou assistida.

Segredo número 07: Use o Recurso do "Mesmo Que..."

Essa é uma headline perfeita para quebrar objeções muito conhecidas.

Al Ries defende que: O que está na mente do público é 100% verdade.

Existem objeções que já estão na mente do seu público. Eu já expliquei isso no capítulo 01.

Mas aqui eu posso complementar que: Use o mesmo que... para fortalecer a sua big ideia.

Ex:

Como vender produtos digitais MESMO QUE você não seja conhecido.

Como conseguir um alto faturamento MESMO QUE você tenha uma pequena lista de e-mails

Como emagrecer MESMO QUE você ame comer...

Você precisa assumir que algo é verdade, mesmo que temporariamente.

O problema de muitos copywriters é que eles acham que precisam provar que o leitor está errado.

Nem sempre esse é o melhor caminho. Na verdade, raros momentos que você irá bater de frente com alguma ideia pré-fixada.

Você quer primeiro que o seu leitor pense: É exatamente assim que vejo a situação.

Na sequência, é assim que eu me sinto.

Depois: Isso me parece uma possível solução...

Eu acho que isso pode me ajudar...

Nossa! Eu preciso disso agora...

O Maior Segredo de Todos

Aqui entra essa técnica que na minha visão, é a maior poderosa de todas.

Eu comecei a criar essa técnica quando eu decidi que era necessário estabelecer uma abordagem específica para um momento específico do público.

Ex:

01 - O público enxerga a situação da mesma maneira que você?

Se a resposta for um não. Você precisa começar a copy criando argumentos para que o leitor veja a situação da mesma maneira que você.

Recentemente eu fiz um vídeo falando o seguinte: Chegar no marketing digital atrasado é algo bom. Não é ruim.

O leitor pensa da mesma maneira? Geralmente não. Por isso eu precisei criar essa conexão já nessa fase inicial.

02 - Como o público se sente agora, é o sentimento ideal para um próximo passo?

Imagine que o seu cliente esteja frustrado. Mas o sentimento ideal para a sua copy é de empolgação.

Ele já está frustrado, porque você irá começar uma copy reforçando isso?

Ex: Ao invés de chegar e falar. Você está cansado de não conseguir vender, certo? Está difícil, né?

Não. Você só está reforçando o sentimento negativo que ele já está.

Entenda, a melhor maneira de iniciar o processo de venda é alterando o estado emocional.

Está frustrado → Ficou empolgado
Está preocupado → Ficou aliviado
Está tranquilão → Ficou reflexivo

O problema é que copywriters iniciantes ficam tentando reforçar um sentimento que já está lá.

Vamos voltar para esse exemplo:

Você está cansado de não conseguir vender, certo? Está difícil, né?

Mudar para:

Eu não sei quantas vendas você fez no último ano..., mas se você seguir esses passos, esse número pode aumentar consideravelmente.

Acompanha com muita atenção...

Em outras palavras, POUCO IMPORTA o que acontece, se você seguir esse novo caminho, existe uma oportunidade.

Eu mudei o status mental e alterei o emocional.

Pegou?

03- O Seu cliente já percebe o seu produto como uma solução viável?

Entenda: Em muitos momentos, você precisa fazer com que o seu público veja primeiro, para depois sentir e então, começar a desejar.

Em muitos casos, os exemplos irão representar 90% do seu processo de persuasão.

Nunca assuma que o seu público entendeu 100% do que você explicou. Faça um reforço, apresente mais exemplos.

Ao invés de contar uma história, conte 3 histórias. Ao invés de apresentar 1 exemplo, apresente 3 exemplos.

Você precisa que o seu público visualize a solução como algo minimamente viável.

A sua meta é fazer com que ele simplesmente pense: Isso talvez funcione para mim. Talvez.

Isso é mais que suficiente. Algumas cartas de vendas só precisam de mais e mais provas e exemplos.

04: O seu público está pronto para agir agora?

Essa é uma das partes mais delicadas do processo de venda online.

E eu vou te explicar o motivo. Antigamente, quando você tinha acesso a alguma oferta e você dizia não. O que acontecia?

Você perdia e também não tinha muito contato com aquela oferta ou com as explicações sobre aqueles benefícios, etc.

Hoje em dia é diferente. O carrinho fecha no domingo e na segunda-feira você está recebendo mais e mais conteúdos.

Muitas vezes o "luto" de não ter aproveitado a oportunidade é rapidamente superado por mais e mais conteúdo.

Até que em um dado momento, não existe mais estímulo emocional, e até mesmo o conteúdo gratuito perde o valor.

Ora, se o público perder o interesse no seu conteúdo, como irá desejar comprar?

E isso não possui relação com a qualidade do seu conteúdo. Está relacionado a quantidade e repetição dos estímulos.

Por isso é tão importante alterar os temas centrais das suas ofertas.

Eu ofereço produtos de copywriting por um tempo. Encerro e mudo de assunto.

Eu estou gerando estímulo para um outro assunto, mas a lacuna do copywriting continua lá, martelando.

É muito comum que depois que eu mudo de assunto, um produto continue vendendo. Em alguns casos, até mais.

E é exatamente por isso. O público sabe da oferta, viu a oportunidade, agora que eu paro de falar, ele sente que perdeu.

Principalmente quando eu começo a falar sobre um outro tópico. Em outras palavras, não adianta apenas ter boas ideias e bons argumentos.

É preciso criar uma rotina de novas ideias e novos argumentos. Fato!

Mas a boa notícia é que agora você está bem mais preparado para essa rotina.

Você aprendeu sobre a origem das ideias, criação de um discurso e entendeu os **bastidores de alguns segredos para criar headlines.**

Eu não quis listar muitos e muitos exemplos, porque mais importante que te entregar os modelos neste momento, é abrir a sua mente para o conceito geral.

E isso foi feito. Agora você está pronto(a) para ativar a sua mente no processo criativo mais poderoso que existe no mundo das vendas, que é a construção de ideias.

Eu tenho certeza de que você curtiu essa jornada, mas isso foi só o começo.

Se você quiser a minha ajuda, pessoalmente na construção das suas ideias, a minha mentoria PREMIUM é o seu próximo passo ideal.

Aqui tem todos os detalhes

É isso!
Vamos em frente

Deus te abençoe

Natanael Oliveira.

www.ingramcontent.com/pod-product-compliance
Lightning Source LLC
Chambersburg PA
CBHW070514220526
45467CB00002B/659